ESPÍAS DEL CIELO

SÚPER CIENCIAS

SUE HEAVENRICH Y PABLO DE LA VEGA

CONEXIONES de la ESCUELA a la CASA DE ROURKE

ANTES Y DURANTE LAS ACTIVIDADES DE LECTURA

Antes de la lectura: *Desarrollo del conocimiento del contexto y el vocabulario*

Construir el conocimiento del contexto puede ayudar a los niños a procesar la nueva información y a usar la que ya conocen. Antes de leer un libro es importante utilizar lo que ya saben los niños acerca del tema. Esto los ayudará a desarrollar su vocabulario e incrementar su comprensión de la lectura.

Preguntas y actividades para desarrollar el conocimiento del contexto:

1. Ve la portada del libro y lee el título. ¿De qué crees que trata este libro?
2. ¿Qué sabes de este tema?
3. Hojea el libro y echa un vistazo a las páginas. Ve el índice, las fotografías, los pies de foto y las palabras en negritas. ¿Estas características del texto te dan información o te ayudan a hacer predicciones acerca de lo que leerás en este libro?

Vocabulario: *El vocabulario es la clave para la comprensión de la lectura*

Use las siguientes instrucciones para iniciar una conversación acerca de cada palabra.

- Lee las palabras del vocabulario.
- ¿Qué te viene a la mente cuando ves cada palabra?
- ¿Qué crees que significa cada palabra?

Palabras del vocabulario:
- ángulo
- antigüedad
- eje
- medialuna
- monitorean
- orbita
- predecir
- satélite

Durante la lectura: *Leer para entender y conocer los significados*

Para lograr una profunda comprensión de un libro se anima a los niños a que usen estrategias de lectura detallada. Durante la lectura, es importante hacer que los niños se detengan y establezcan conexiones. Esas conexiones darán como resultado un análisis y entendimiento más profundo de un libro.

Lectura detallada de un texto

Durante la lectura, pida a los niños que se detengan y hablen acerca de lo siguiente:

- Partes que sean confusas.
- Palabras que no conozcan.
- Conexiones texto a texto, texto a ti mismo, texto al mundo.
- La idea principal de cada capítulo o encabezado.

Anime a los niños a usar las pistas del contexto para determinar el significado de las palabras que no conozcan. Estas estrategias los ayudarán a aprender a analizar el texto más minuciosamente mientras leen.

Cuando termine de leer este libro, vaya a la penúltima página para ver las **Preguntas relacionadas con el contenido** y una **Actividad de extensión**.

ÍNDICE

¡ABRÓCHATE EL CINTURÓN!.................. 4
EL PROGRAMA DE LA NOCHE.................. 8
ESTRELLAS DE PRIMER NIVEL................ 12
ESPÍAS EN EL CIELO...................... 18
ACTIVIDAD............................... 21
GLOSARIO................................ 22
ÍNDICE ALFABÉTICO....................... 23
PREGUNTAS RELACIONADAS CON EL CONTENIDO 23
ACTIVIDAD DE EXTENSIÓN.................. 23
ACERCA DE LA AUTORA..................... 24

¡ABRÓCHATE EL CINTURÓN!

Crees que estás sentado en un lugar fijo, pero en realidad te estás moviendo. La Tierra da vueltas sobre su **eje**. Un niño en el ecuador se mueve a mil millas (alrededor de 1600 kilómetros) por hora.

La Tierra gira alrededor del Sol a 67 000 millas (alrededor de 108 000 kilómetros) por hora. ¡Eso es como volar de Los Ángeles a Washington, D.C. en tres minutos!

En el espacio todo se mueve. La Luna **orbita** la Tierra, planetas y asteroides se mueven veloces alrededor del Sol e incluso el Sol da vuelta alrededor del centro de la galaxia.

Ryugu

Misión a Ryugu
En 2019, una sonda espacial japonesa aterrizó en el asteroide Ryugu. Sus robots tomaron fotos y recogieron rocas. Los científicos piensan que los asteroides contienen pistas sobre el inicio de la vida en la Tierra.

Con todo este ir y venir, ¿por qué no salimos disparados hacia el espacio? ¡La gravedad! La gravedad es la fuerza que atrae unas cosas a otras. Nos mantiene con los pies en la tierra. La gravedad hace que la Luna orbite la Tierra y que los planetas orbiten el Sol.

¡Inténtalo!
Ata una pelota con una cuerda. Dale vueltas alrededor de tu cabeza. La gravedad es como la cuerda. ¿Qué pasa si la sueltas?

EL PROGRAMA DE LA NOCHE

La Tierra da vueltas de oeste a este. Cada día, el Sol sale por el este y se oculta en el oeste. Pero el Sol es juguetón. Sale y se oculta en diferentes lugares a lo largo del año. Eso se debe a que la Tierra tiene un cierto **ángulo** de inclinación.

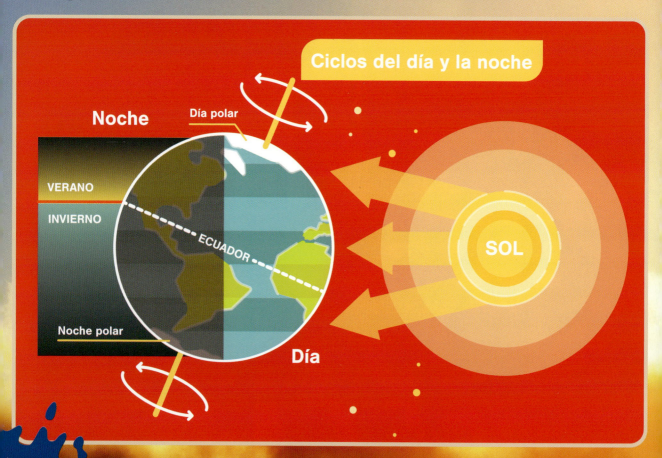

La posición de la salida del Sol cambia conforme la Tierra orbita el Sol. En el invierno, la parte norte de la Tierra se inclina alejándose del Sol. El Sol sale, se oculta cerca del sur y los días son más cortos. Así, mientras los niños que viven en la parte norte podrían estar despejando la nieve, los niños que viven en la parte sur podrían estar jugando fútbol.

El calendario del acantilado
En Nuevo México en la antigüedad, la gente esculpió espirales en un acantilado. Hay tres rocas enormes recargadas en el acantilado. Un rayo de luz solar brilla a través de los espacios entre las rocas y hacia la espiral el día más largo del año.

En la **antigüedad** los observadores del cielo mantenían un registro de la posición del Sol. Encontraron maneras de reconocer los días más largos y más cortos del año. De esa manera, podían decir a los campesinos cuándo comenzar la siembra y cuándo guardar la cosecha para el invierno.

El astrónomo griego Hiparco (190–120 AEC) estudiando las estrellas.

Siguiendo al Sol
La gente que hace uso de la energía solar está al tanto de la posición del Sol en el cielo. Necesitan saber cuál es el mejor lugar para colocar los paneles solares que captarán la energía del Sol a lo largo del año.

ESTRELLAS DE PRIMER NIVEL

La Luna es el actor más brillante del cielo nocturno. Pero no produce su propia luz. La luz de la Luna es de hecho luz del Sol reflejada en la superficie lunar.

Es solo una fase
La Luna pasa por todas sus fases en 29 días y medio. Al periodo completo en el que pasa de una Luna nueva a otra se le llama mes lunar.

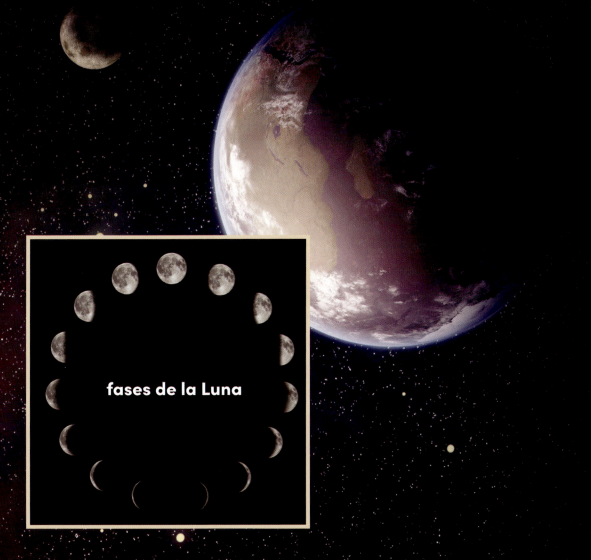

fases de la Luna

Mientras la Luna orbita la Tierra, la luz del Sol se refleja en distintas partes de su superficie. Cuando la Luna está entre la Tierra y el Sol, no la vemos. Cuando está en el lugar más alejado del Sol, la luz solar se refleja por completo en una de sus caras.
Mientras tanto, parece una **medialuna** que crece o se encoge.

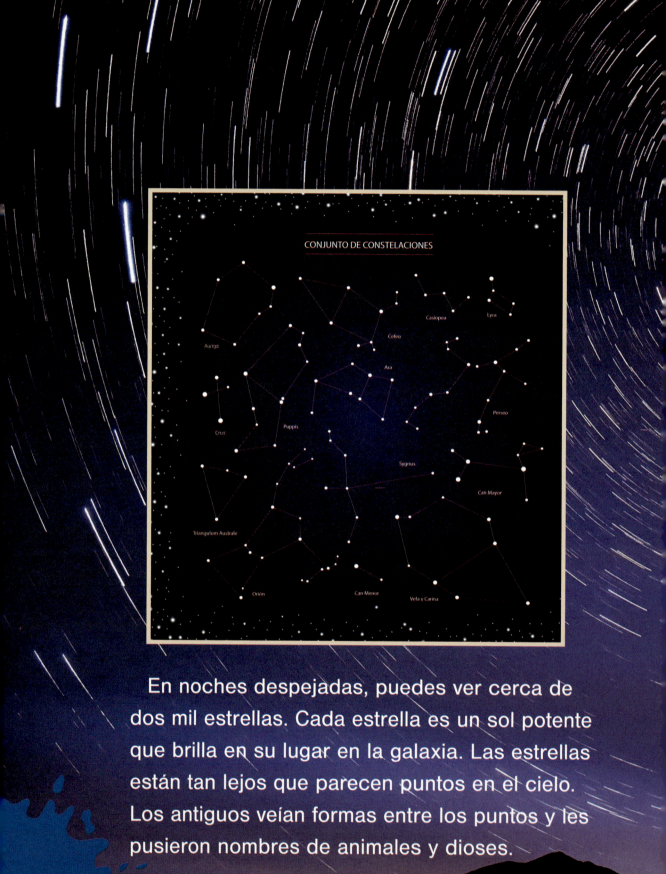

En noches despejadas, puedes ver cerca de dos mil estrellas. Cada estrella es un sol potente que brilla en su lugar en la galaxia. Las estrellas están tan lejos que parecen puntos en el cielo. Los antiguos veían formas entre los puntos y les pusieron nombres de animales y dioses.

← **Estrella del Norte, Polaris**

¡Inténtalo!
Abre un paraguas e imagina que es el cielo. El centro es la Estrella del Norte. Pega constelaciones de papel en tu cielo. Cuando hagas girar el paraguas, verás cómo se mueven todas las estrellas, excepto Polaris.

Durante la noche, las estrellas se mueven de posición. Conforme la Tierra se mueve las estrellas giran alrededor de la Estrella llamada Polaris.

Si estuvieras en el Polo Norte, Polaris brillaría directamente arriba de ti. Conforme te dirigieras al sur, Polaris aparecería más abajo en el cielo. Los navegantes usan la posición de Polaris para saber qué tan lejos del ecuador se encuentran.

Conforme la Tierra gira alrededor del Sol, vemos estrellas distintas. Al registrar dónde se encuentran las estrellas, la gente puede **predecir** las estaciones.

Orión

Escorpio

Estrellas de temporada
En el invierno puedes ver a Orión en el cielo. Busca su cinturón de tres estrellas. En el verano, busca el centro rojo y el anzuelo de Escorpio.

ESPÍAS EN EL CIELO

Un **satélite** es algo que orbita alrededor de un cuerpo más grande. Como una mosca que vuela alrededor de tu cabeza así la Tierra tiene un satélite natural: la Luna, y otros miles de satélites hechos por humanos.

Algunos satélites emiten señales para la televisión, el teléfono y el Internet. Otros **monitorean** el clima, hacen mapas de la Tierra y recopilan imágenes del espacio.

Los satélites pueden ser tan pequeños como una lonchera o tan grandes como un autobús. El satélite más grande que orbita la Tierra es la Estación Espacial Internacional. Mide 357 pies (108.8 metros) de largo —tan solo una yarda más corto que un campo de fútbol americano— y tiene un peso mayor al de 300 autos.

La era espacial comienza
El primer satélite hecho por humanos fue el Sputnik. Era una esfera de metal del tamaño de una pelota grande de playa con cuatro antenas en forma de patas.

Sputnik

La vida a bordo de la estación espacial es igual a la vida en la Tierra, ¡pero sin gravedad! Imagínate desayunar flotando de cabeza. La estación espacial da vuelta a la Tierra cada 90 minutos. ¡Los astronautas ven 16 amaneceres y puestas de Sol al día!

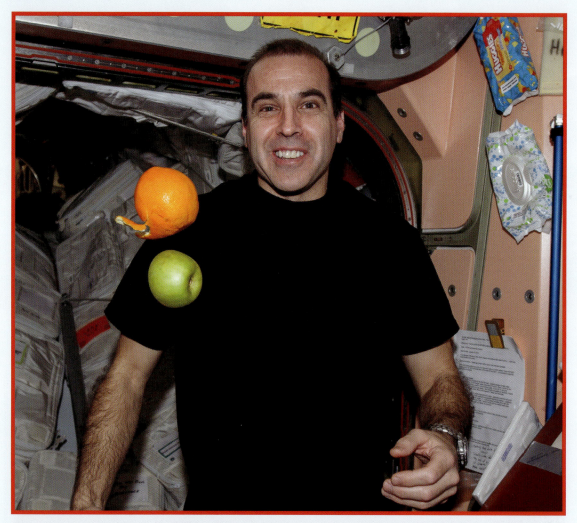

El astronauta de la NASA, Rick Mastracchio, solo podía comer frutas frescas cuando una nave de carga llevaba provisiones a la Estación Espacial Internacional.

En busca de satélites
La estación espacial es tan brillante que la puedes ver atravesando el cielo nocturno. Búscala al anochecer y al amanecer.

ACTIVIDAD

Diseña y construye un modelo de satélite

Todos los satélites tienen una misión. Piensa qué quieres que haga tu satélite. ¿Estudiará aspectos de la Tierra? ¿Tomará fotos de estrellas o planetas? ¿Recolectará muestras de rocas de un asteroide?

Qué necesitas

- una caja de zapatos u otro contenedor
- globos
- palillos chinos, palillos de manualidades, pajillas o popotes
- cartulina
- papel de aluminio
- pegamento o cinta adhesiva
- caja de jugo, botella de bebida carbonatada o algún otro contenedor pequeño
- tuercas, tornillos y arandelas
- discos compactos o DVDs viejos
- vasos de plástico o papel y tazones
- bandas elásticas
- tijeras
- esponjas
- palillos de dientes, clips y limpiapipas

Instrucciones

1. Usa una caja de zapatos o cualquier otro contenedor para construir la parte principal de tu satélite.

2. ¡Sé creativo! Usa el resto de los suministros para crear la fuente de poder de tu satélite, sus herramientas, equipamiento científico, sistema de comunicaciones y de navegación. Para inspirarte, puedes buscar imágenes en línea de distintos tipos de satélites.

GLOSARIO

ángulo: En este caso, la inclinación que muestra un objeto cuando no está en posición recta.

antigüedad: Una época que pasó hace muchísimo tiempo.

eje: La línea imaginaria que atraviesa el centro de la Tierra, desde el Polo Norte hasta el polo Sur.

medialuna: Una forma curva y delgada que es más gruesa en el medio y delgada en los extremos.

monitorean: Que observan patrones usando aparatos especiales.

orbita: Que viaja alrededor de un planeta o del Sol.

predecir: Decir que algo va a pasar en el futuro.

satélite: Un objeto natural o hecho por humanos que orbita un planeta, una luna u otro cuerpo celeste.

ÍNDICE ALFABÉTICO

asteroide(s): 5

ecuador: 4, 17

Estación Espacial Internacional: 19, 20

estrella(s): 10, 12, 14, 15, 17

gravedad: 6, 7, 20

Luna: 5, 6, 12, 13, 18

planetas: 5, 6

Sol: 4, 5, 6, 8, 9, 10, 11, 12, 13, 14, 17, 20

PREGUNTAS RELACIONADAS CON EL CONTENIDO

1. ¿Qué es la gravedad?

2. Enumera tres trabajos que los satélites pueden hacer.

3. ¿Cómo usan los navegantes las estrellas para atravesar el océano?

4. ¿Qué señales del cielo usaban los granjeros antiguos para saber cuándo sembrar sus cosechas?

5. ¿Qué causa las fases de la Luna?

ACTIVIDAD DE EXTENSIÓN

¡Sé un espía del cielo! Tu misión: seguir a la Luna. Cada noche, busca a la Luna. Anota la fecha y la hora en la que la viste, y dónde está en el cielo. Dibuja cómo se ve la Luna cada vez. ¿Qué notas después de algunas semanas?

ACERCA DE LA AUTORA

Sue Heavenrich era maestra de Ciencias. Ahora escribe artículos de revista y libros para niños. Sue adora las historias de constelaciones y está segura de que debe haber un dragón en las estrellas. Su constelación favorita es Antares.

© 2023 Rourke Educational Media

All rights reserved. No part of this book may be reproduced or utilized in any form or by any means, electronic or mechanical including photocopying, recording, or by any information storage and retrieval system without permission in writing from the publisher.

rourkebooks.com

PHOTO CREDITS: Cover, page 1: ©00one; page 3: ©3dts; page 4: ©mapichai; page 5: ©adventtr; page 5(b), 19(b), 20: ©NASA; page 6-7: ©skynesher; pages 8, 9: ©normaals; page 10: ©Kenneth Wiedemann; page 11: ©Elena Elisseeva; pages 12-13: ©egal; page 13: ©Allexxander; pages 14-15: ©iri_sha; page 14: ©wisaad; page 15: ©zimindmitry; page 16-17: ©AnnaOm; page 17(a): ©EREE; page 17(b): ©sripfoto; page 19: ©3DSculptor; page 22: ©Cyclonphoto

Editado por: Laura Malay
Diseño de la tapa e interior: Rhea Magaro-Wallace
Traducción: Pablo de la Vega

Library of Congress PCN Data

Espías del cielo / Sue Heavenrich
(Súper ciencias)
  ISBN 978-1-73165-477-9 (hard cover)
  ISBN 978-1-73165-528-8 (soft cover)
  ISBN 978-1-73165-561-5 (e-book)
  ISBN 978-1-73165-594-3 (e-pub)
Library of Congress Control Number: 2022941028

Rourke Educational Media
Printed in the United States of America
01-0372311937